CONTRIBUTION A L'ÉTUDE

DES

MYOMES CUTANÉS

PAR

Le Dr Eugène GENEVOIS

LYON

A. REY & Cie IMPRIMEURS-ÉDITEURS DE L'UNIVERSITÉ
4, RUE GENTIL, 4

1905

CONTRIBUTION A L'ÉTUDE

DES

MYOMES CUTANÉS

CONTRIBUTION A L'ÉTUDE

DES

MYOMES CUTANÉS

PAR

Le Dr Eugène GENEVOIS

LYON

A. REY & Cie IMPRIMEURS-EDITEURS DE L'UNIVERSITE

4, RUE GENTIL, 4

1905

Hier, c'était la vie joyeuse de l'étudiant, aujourd'hui, c'est l'appréhension de l'avenir inconnu, demain ce sera la responsabilité morale vraiment écrasante du médecin.

A la veille d'assumer ce lourd fardeau, je veux jeter un dernier regard sur le passé ; de quelque côté que je me tourne, je ne vois partout que dette de reconnaissance.

Mon père, ma mère, à qui je dois avec la vie, tout ce que je suis, je vous offre ce travail comme gage de mon amour et de ma reconnaissance filiale.

A tous mes professeurs, à mes maîtres de la Faculté et des Hôpitaux, je témoigne ici ma profonde reconnaissance. J'ai présent à la mémoire un doux souvenir, celui de mon internat à l'Asile Saint-Georges, dont M. le Dr Adam, Directeur et médecin-chef, fut pour moi un ami autant qu'un maître.

J'adresse mes remerciements sincères à M. le Dr Carles, ex-chef de clinique de l'Antiquaille, qui m'a donné l'idée première de ce travail, et m'a guidé de ses conseils, pour l'étude clinique, avec sa bienveillance si connue.

Je remercie sincèrement M. Favre, chef de clinique

actuel de l'Antiquaille, à qui je dois l'étude anatomo-pathologique si complète des myomes cutanés.

Et je remercie M. le professeur Doyon de l'honneur qu'il me fait d'accepter la présidence de ma thèse.

A tous mes amis, merci !

CONTRIBUTION A L'ÉTUDE
DES
MYOMES CUTANÉS

HISTORIQUE

Le myome cutané est une tumeur formée de tissu musculaire lisse siégeant dans la peau.

C'est à Virchow que nous devons le terme de « myome », qui sert à désigner les tumeurs formées de fibres musculaires. C'est Virchow aussi qui nous donna la première description histologique du myome de la peau.

L'observation de Virchow se rapporte à un cas de tumeurs multiples, mais localisées à une région de texture spéciale, la région mammaire, dont la partie profonde de la peau comprend une couche de fibres musculaires lisses, le dartos. Au point de vue clinique, comme dans notre observation inédite, les tumeurs ont une évolution lente et restèrent longtemps indolentes ; elles n'avaient aucune tendance à la régression. Au point de vue anatomo-pathologique, Virchow la reconnut comme une tumeur mixte formée de tissu conjonctif et de tissu musculaire.

Après Virchow, Forster, en 1858, toujours en Allemagne, présenta l'observation d'un malade porteur d'une tumeur cutanée unique, siégeant au scrotum et formée de fibres musculaires lisses, ce liomyome appartient encore incontestablement au tissu dartoïque. Ici, nous n'avons aucun détail sur les caractères cliniques et l'évolution de cette tumeur.

La même année que Förster, Verneuil en France portait à la Société anatomique l'observation d'un sujet, destiné aux exercices de médecine opératoire qui présentait un nombre incalculable de petites tumeurs cutanées formées de tissu musculaire lisse. Ces tumeurs siégeaient dans le derme, dans toute l'étendue du tégument.

En 1863, Förster, dans son *Traité d'anatomie pathologique spéciale*, consacre une place aux tumeurs de la peau constituées de fibres musculaires lisses; il fait remarquer qu'elles sont rares et que, depuis son observation de 1858, il en a observé deux cas dont il ne donne, d'ailleurs, pas la relation.

Virchow, de nouveau, en 1863, dans une belle leçon sur les myomes, s'occupe des myomes cutanés, mais, pour lui, l'élément musculaire est secondaire, ces tumeurs étant mixtes, et lorsque l'élément musculaire devient prédominant, c'est qu'il existe déjà dans la peau où siègent ces tumeurs une hypertrophie de fibres musculaires lisses, une couche dartoïque.

Cette conclusion n'est pas exacte, car à la lecture d'observations de Verneuil, de Besnier et de la nôtre, on voit qu'il existe des tumeurs formées de tissu musculaire lisse, généralisées à toute la peau sans hypertrophie musculaire des régions dartoïques.

En 1878, M. Challard présentait à la Société anatomique l'observation d'une tumeur unique de la grande lèvre, manifestement formée de fibres musculaires lisses. Cette tumeur dépend évidemment du dartos.

Toutes ces observations n'étaient sans doute pas passées inaperçues, mais aucun travail spécial ne leur avait été consacré. La première vue d'ensemble complète fut donnée par M. Besnier en 1880, dans les *Annales de Dermatologie et de Syphiligraphie*. La description clinique et l'analyse histologique qu'ils donnèrent de ces tumeurs individualisèrent définitivement le myome cutané et lui assurèrent une place distincte dans le cadre nosologique des maladies de la peau. Il relève l'erreur de Virchow qui pensait que ces tumeurs étaient forcément liées à l'hypertrophie du dartos et proposa la division des myomes cutanés en deux groupes : les myomes simples ou dermato-myomes qui peuvent s'observer dans toute l'étendue du tégument et qui seraient le plus souvent multiples, de volume restreint, et le second groupe, les myomes dartoïques, les seuls que Virchow pensait exister, qui sont le plus habituellement uniques, et dont le volume serait supérieur à celui des myomes multiples; ce volume atteint parfois celui d'une mandarine. Ces deux ordres de myomes ont une évolution lente et n'ont aucune tendance à la régression.

Une étude aussi complète, aussi nette, donnant un cadre bien défini pour l'étude de ces tumeurs jusque-là mal connues, éveilla l'attention des observateurs, et, depuis, un certain nombre d'observations vinrent corroborer et compléter les faits mis en lumière par M. Besnier.

Dans le *Journal de médecine de Bordeaux*, 1881, Arnozan et Vaillard publient l'observation d'une femme de cinquante-deux ans, dont l'affection avait débuté quinze ans auparavant par un petit bouton rouge situé sur le bord radial de l'avant-bras droit. Puis, sur la face postérieure du bras, se développèrent un certain nombre de petites tumeurs semblables; trois ans plus tard, l'extension s'était faite au cou et au tronc. Voilà qui confirme absolument l'idée de M. Besnier; ces myomes sont bien indépendants du dartos, puisqu'ils n'ont pas débuté par le dartos et ont envahi le tronc sans intéresser le dartos. Il existe donc bien un myome cutané, indépendant de la couche dartoïque. Cette observation confirme d'ailleurs pleinement, au point de vue clinique, la description qu'en avait faite Besnier : lenteur de l'évolution, longue indolence de ces tumeurs; dimension restreinte des éléments éruptifs, en somme, bénignité de ces néoformations.

La même année, Brigidi et Marcacci observèrent à l'hôpital Sainte-Lucie, un cas de myomes multiples très analogue à celui publié par Arnozan et Vaillard. Les caractères cliniques sont les mêmes : lenteur d'évolution, indolence longue, volume restreint des tumeurs.

En 1883, Babs de Leipzig, dans le *Hanburg des Hauktrankheiten*, se basant sur l'anatomo-pathologique propose pour l'étude des myomes cutanés une division qui repose sur l'origine anatomique du myome. C'est ainsi qu'il les classe en quatre groupes :

1° Les myomes développés dans la paroi musculaire

par prolifération de ses éléments musculaires; ces tumeurs sont généralement circonscrites, solitaires et profondes;

2º Les myomes provenant d'une hyperplasie des muscles redresseurs des poils; dans ce groupe, rentreraient les myomes de l'observation anglaise que nous avons traduite;

3º Les myomes dartoïques de Besnier;

4º Les myomes aberrants développés aux dépens de bourgeons détachés.

En 1885, M. Besnier reprend son étude de 1880, et la complète en donnant la fin de l'observation qu'il publiait. La malade vit ses tumeurs augmenter de nombre, mais le volume restait sensiblement le même; elles n'avaient aucune tendance à la régression. Des tumeurs apparurent aux deux mamelles, plus grosses que les autres, comme une pomme d'api. La malade succomba à un accès de dyspnée asystolique. L'autopsie montra que cette femme présentait trois ordres de lésions : des myomes cutanés, des myomes utérins et un cancer des deux mamelles. La description très exacte et très complète de cette affection nous permettra de tirer des considérations cliniques intéressantes, par comparaison avec notre observation.

En 1887, Phélisse pouvait recueillir une vingtaine d'observations publiées antérieurement, en ajouter une inédite, et donner une étude clinique et histologique des myomes de la peau et du tissu musculaire sous-cutané (thèse, Paris, 1887).

De la thèse Phélisse, 1887 à l'année 1896, c'est-à-dire une période de neuf années, nous n'avons pas trouvé d'observations de myomes cutanés. En 1896, recommence la publication de plusieurs observations concernant ce genre de tumeurs.

MM. Blanc et Winberg présentent à la Société anatomique, en juillet 1896, un myome dermique de la cuisse.

En novembre de la même année, à Berlin, M. Neumann fait connaître l'observation d'une femme de cinquante-quatre ans, atteinte de dermato-myomes multiples, reproduisant absolument le dermato-myome pur, décrit par Besnier.

En 1898, deux cas de liomyomes cutanés solitaires sont publiés, l'un par Audry de Toulouse, l'autre par l'auteur anglais Max Herzog. Ces cas de myomes solitaires nous intéressent moins, notre travail portant seulement sur les myomes cutanés généralisés.

En 1899, Ch. White, dans le *Journal of cutaneous diseases*, publie l'observation d'un homme de quarante-cinq ans, atteint de myomes cutanés multiples.

En 1900, dans le *British Journal of Dermatology*, Leslie Robert donne l'observation d'un jeune homme dont les myomes cutanés multiples avaient débuté au-devant de l'oreille droite.

Ces deux observations confirment le fait déjà remarqué par Arnozan et Vaillard de l'influence de la température sur les phénomènes douloureux du côté du myome.

En 1904, enfin, deux cas de liomyomes généralisés sont publiés en Angleterre.

Le premier est relaté par Hardaway dans le *Journal of cutaneous diseases;* cet auteur y mentionne aussi l'influence de la température.

Le second, que nous avons traduit dans le *British Journal of Dermatology* est de Brölemann ; l'auteur anglais attribue l'origine du myome, qu'il excisa pour l'examiner, au muscle érecteur d'un poil.

Nous n'étudierons pas les myomes dartoïques, généralement isolés ; nous ne nous occuperons dans cette étude que des liomyomes généralisés de la peau qui, par leurs caractères cliniques et anatomo-pathologiques bien distincts, forment réellement un groupe spécial dans les maladies de la peau. Après avoir fait un essai d'étiologie, des observations publiées jusqu'ici, et que nous reproduisons à la fin de l'ouvrage, et de leur rapprochement avec l'observation inédite que nous publions, nous essaierons la description clinique des myomes cutanés généralisés pour en établir le diagnostic. Nous dirons enfin un mot du traitement.

Le cas très intéressant qui fait le sujet de l'observation inédite a été observé à l'Antiquaille, à Lyon, et très bien étudié par MM. Carle et Favre. Il nous permet de reprendre la question des liomyomes généralisés de la peau avec l'espoir, sinon d'apporter des éléments nouveaux à l'histoire des myomes cutanés, du moins de contribuer, par l'apport d'une observation nouvelle et son rapprochement avec les observations antérieures, à leur identification.

ÉTIOLOGIE

Les observations de liomyomes cutanés généralisés ne sont pas encore assez nombreuses pour qu'on puisse établir une statistique bien concluante au sujet de l'influence de l'hérédité, du sexe, de l'âge ou de l'état pathologique antérieur du sujet. L'étiologie de ces tumeurs n'existe pas encore, et les quelques idées qu'on peut émettre à ce sujet ne doivent guère être considérées que comme des hypothèses.

L'influence de l'hérédité semble bien être tout à fait nulle. Aucun des auteurs qui ont étudié la question n la signale ; aussi bien est-ce parce que leurs recherches de ce côté ont été complètement négatives.

Dans notre observation inédite, l'hérédité n'apparaît pas davantage.

L'influence du sexe n'est guère mieux établie. On doit remarquer cependant que, sur les onze observations que nous reproduisons, il y a quatre femmes et sept hommes ; si nous ajoutons un cas de myomes multiples observé dans la clinique de Kaposi et publié par Lukasiewick, cas que nous n'avons pas reproduit aux observations parce que nous n'avions pas assez de détails, le nombre des hommes est porté à huit. Donc, sur douze observations, quatre femmes et huit hommes ;

il semble ainsi que le sexe fort soit plus fréquemment atteint par ce genre de tumeurs.

La notion étiologique la plus certaine se rapporte à l'âge du malade.

La malade qui fait le sujet de l'observation de M. Besnier était âgée de soixante ans, la malade de MM. Arnozan et Vaillard avait cinquante-deux ans, le malade de Bridigi et Marcacci avait cinquante-quatre ans, celle de Neumann avait également cinquante-quatre ans, celui de White, quarante-cinq ans ; trois malades étaient plus jeunes, celui de Marchal Ko qui avait vingt-huit ans, la malade de Leslie Roberts qui avait dix-huit ans, et le sujet de Brölemann qui avait vingt-neuf ans ; nous ignorons l'âge du malade de Hardaway ; quant au nôtre, il avait soixante-trois ans.

Ainsi, sur neuf malades, deux étaient âgés d'au moins soixante ans, trois avaient plus de cinquante ans, un avait plus de quarante ans ; deux avaient près de trente ans, et un seul n'avait que dix-huit ans. Il est juste de faire remarquer que, chez tous ces malades, le myome était depuis longtemps en état de développement et que le début remontait, pour la plupart d'entre eux, à plusieurs années. Il n'en reste pas moins vrai que ces tumeurs se développent exceptionnellement avant l'âge adulte. A leur période d'état, on ne les voit guère qu'à l'âge adulte ou même dans la vieillesse.

Cette prédilection pour l'âge avancé ne se rattacherait-elle pas à une tendance individuelle à faire des néoplasies ? La femme, qui fait le sujet de l'observation de M. Besnier et qui était rentrée une première fois à l'hôpital Saint-Louis pour ses myomes cutanés en 1876, y rentra de nouveau en 1885 où elle succomba en même temps qu'à son affection pulmonaire à un carcinome des deux seins ; à l'autopsie on trouva en plus des myomes utérins.

Chez les autres malades, on n'a pas noté la coexistence d'autres tumeurs ; mais ces malades n'ont pas été suivis, et aucune autre autopsie n'a été faite.

L'état pathologique antérieur du sujet ne donne aucun renseignement au point de vue de l'étiologie. La malade de M. Besnier avait une affection pulmonaire, le nôtre avait eu probablement la fièvre typhoïde, affections qui paraissent n'avoir aucune influence sur le développement des myomes cutanés. Tous les autres sujets étaient bien portants, sans lésion d'aucun organe.

En résumé, ce qu'il faut retenir de l'étiologie des myomes cutanés que nous étudions, c'est qu'ils affectent presque exclusivement les adultes et les vieillards, et peut-être un peu plus le sexe fort que le sexe faible.

ÉTUDE CLINIQUE

Début de l'affection. — Nous n'assistons pas au début de l'évolution de ces tumeurs. Leur apparition ne provoque, en effet, aucun phénomène subjectif capable d'éveiller l'attention du malade et de le conduire au médecin ; il ne ressent aucune douleur, aucun prurit. Au moment de la première éruption et à son niveau, la peau ne subit d'ailleurs aucune modification, aucun changement même de coloration le plus souvent. Dans l'observation de Brigidi et de Marcacci cependant, l'éruption qui débuta par les mains fut longtemps auparavant précédée par un œdème non douloureux de ces organes. Quelle est la signification de cet œdème pré-éruptique ? La tumeur encore invisible a-t-elle elle-même produit ce trouble vaso-moteur, ou le trouble vaso-moteur est-il la cause du développement de la tumeur ? Nous ne saurions le dire. En tout cas, ce fait reste unique, et il reste établi que l'apparition des myomes cutanés est silencieuse au point de vue objectif comme au point de vue subjectif.

Quand le sujet peut préciser le début de l'affection, c'est par hasard « en faisant sa toilette » qu'il a remarqué l'éruption.

Ce terme d'éruption, au début, n'est d'ailleurs pas

exact. Les tumeurs sont, en effet, discrètes ; elles n'apparaissent pas comme une éruption de rougeole ou de scarlatine. D'abord peu nombreuses, elles s'étendent lentement de proche en proche, et il faut des mois et des années pour qu'elles arrivent à occuper une grande partie du corps, Ainsi, chez notre malade de l'observation inédite : en faisant sa toilette, il remarqua sur le bras gauche une éruption blanche ou légèrement érythémateuse; deux ou trois ans après, la jambe droite était envahie et, plus tard, l'éruption s'étendait au dos et au reste du corps. Parfois même, le malade a pu constater qu'au début il y avait une seule tumeur ; ainsi, chez la malade d'Arnozan et Vaillard, il est nettement indiqué que le point de départ du mal est un petit bouton rouge situé sur le bord radial de l'avant-bras droit.

L'extension peut être plus ou moins lente, mais toutes les observations attestent ce début progressif.

Topographie générale. — C'est dans un grand nombre de cas par le membre supérieur que se fait ce début, ainsi qu'on le voit relaté dans la plupart des observations, notamment dans les cas de M. Besnier, de MM. Arnozan et Vaillard, et de notre observation inédite. Habituellement, un seul membre est pris tout d'abord ; puis l'extension se fait soit au membre supérieur opposé, soit à la région scapulaire et thoracique. Les membres inférieurs sont envahis beaucoup plus tard.

L'éruption remonte parfois le long du cou jusqu'au cuir chevelu, mais la face reste indemne.

A la période d'état, le maximum des lésions siège le plus souvent au niveau des membres supérieurs, sur le moignon de l'épaule, et dans la région scapulaire. A mesure qu'on s'éloigne du côté de l'ombilic et des membres inférieurs l'éruption est moins abondante.

Aspect de l'éruption. — L'aspect général de ces petites tumeurs n'est pas uniforme. Par places, on voit de vastes placards, où les éléments arrivent à la confluence et se touchent; tout autour de ces placards et les réunissant un nombre plus ou moins considérable d'éléments isolés.

Tous ces éléments ne sont pas semblables; on peut en distinguer aisément deux types extrêmes.

Les plus petits forment une véritable éruption; ce sont des taches, des papules, dont le volume est très limité, atteignant à peine la grosseur d'une petite lentille. Comme le fait remarquer M. Besnier, dans son article de 1880, publié dans les *Annales de Dermatologie* et de *Syphiligraphie*, ces éruptions ressemblent beaucoup à celle de l'urticaire papuliforme ou à celle des premiers éléments du mycosis-fongoïde. Toutes ces papules sont à peine saillantes au-dessus de la peau.

A côté de ces taches on trouve des éléments dont le volume est plus considérable, et qui atteignent, mais ne dépassent qu'exceptionnellement la grosseur d'un pois ordinaire. Ce sont de véritables tumeurs, mais qui n'arrivent jamais au volume d'un myome cutané solitaire qui, parfois, sont gros comme une amande et même une mandarine. Ces tumeurs dépassent notablement la surface de la peau et constituent de vraies éminences.

En outre de ces deux sortes d'éléments appréciables à la vue, on peut en percevoir une troisième espèce, beaucoup plus petits encore que les premiers, qui n'ont pas encore fait leur apparition à l'extérieur et qu'on sent à la palpation comme de petits grains de plomb inclus dans l'épaisseur du derme. Entre ces éléments extrêmes, on trouve tous les intermédiaires.

La forme de ces diverses tumeurs n'est pas toujours la même. Quelques-unes sont arrondies et régulières; d'autres affectent une forme plus ou moins ovales, d'autres enfin sont irrégulières.

Leur coloration est également très variable. Les plus gros éléments ont une teinte rouge foncée, presque vineuse, les moyens ont une coloration sanguine, les plus petits sont plus ou moins rosés. Il en est même qui ne sont pas colorés du tout et sont blancs; notre malade avait remarqué ce fait que certaines parties de l'éruption étaient érythémateuses, d'autres parties étaient blanches.

Tous ces éléments éruptifs, que ce soient les plus volumineux, rouge vineux, ou les plus petites papules rosées, pâlissent à la pression, mais leur coloration reparaît aussitôt que cesse la pression.

Ces différences de volume, de forme, de coloration, s'expliquent aisément par l'âge de chacune des tumeurs. Nous avons déjà fait remarquer combien lente était leur évolution. A chaque stade de leur développement, correspond un état particulier. Les petites papules à leur début, pas ou peu colorées, à peine surélevées au-dessus du niveau des parties voisines, deviennent peu à peu rosées ; en même temps qu'elles augmentent de volume, leur coloration s'accentue et, à leur stade moyen, elles ont une teinte sanguine ; à leur état de perfection enfin, elles sont rouges lie de vin.

De plus, à mesure qu'elles grossissent, ces tumeurs voient leur base se dessiner plus nettement, s'isoler en quelque manière des tissus voisins, arriver presque à se pédiculiser, de sorte qu'on peut à leur période d'évolution ultime saisir la tumeur entre ses doigts et la localiser dans le derme.

Et comme l'évolution de ces tumeurs est très longue, à côté des tumeurs anciennes achevées, on voit des éléments moyens à leur évolution moyenne, et de toutes jeunes papules : d'où aspect multiforme de la légion.

Un excellent caractère de ces tumeurs, et absolument constante, est leur consistance. Cette consistance est toujours ferme et dure, sans aucun mélange de mollesse. Si, comme grosseur, on peut les comparer justement à des lentilles, à des grains de plomb, la comparaison est également exacte pour la consistance, et leur palpation donne bien la sensation de grains de plomb qu'on presse entre les doigts. Cette consistance ne change pas de leur apparition à leur développement complet.

Quel est l'état de l'épiderme au-dessus de ces tumeurs ? Bridigi et Marcacci signalent à ce niveau de petites granulations miliaires, blanchâtres, dont la signification n'est pas établie. Après ces auteurs, d'ailleurs, personne ne les a retrouvées.

Tous les observateurs s'accordent à reconnaître qu'au-dessus de ces myomes, l'épiderme est normal ; l'aspect en est cependant un peu plus lisse, un peu plus brillant. Fréquemment, dans le voisinage immédiat des nodules, la peau est plus rouge, congestionnée, et ne pâlit pas à la pression.

Quelquefois aussi, surtout au niveau des tumeurs les plus volumineuses, l'épiderme est aminci. Mais c'est là le fait seul de la distension, et cet amincissement n'indique nullement une tendance à l'ulcération. Car, quelle que soit la durée de leur évolution, jamais ces tumeurs ne s'ulcèrent. Dans le cas d'Arnozan la peau, au lieu d'être amincie, était plus épaisse dans les régions malades.

Dans certaines régions où l'éruption est composée d'éléments assez gros et assez confluents, la peau offre des alternatives de saillies et de dépressions, et revêt un aspect gaufré, comme on pouvait l'observer en certaines régions de notre sujet.

Au-dessus des tumeurs et dans leur intervalle, les poils poussent normalement et sans altération apparente de leur structure. Quelquefois, comme dans l'observation d'Arnozan et Vaillard, ils font défaut sur le sommet des plus gros tubercules. Il est quelques cas au contraire où les poils poussent plus nombreux au niveau de la partie malade qu'en un point symétrique du côté sain.

Phénomènes subjectifs. — Nous abordons maintenant le point le plus important et le plus intéressant de la symptomatologie des myomes cutanés, l'état de la sensibilité au niveau de ces tumeurs, et les phénomènes douloureux qu'elles provoquent.

Un fait domine, indiscutable : le myome cutané n'est pas douloureux au début de son évolution, ce n'est que plus tard, au bout d'un temps variable, qu'apparaît la douleur. Et non seulement la douleur est absente, mais le malade ne ressent aucun prurit à ce niveau, ce qu'on constate par l'absence de toute lésion de grattage.

Indolents au début, la pression éveille ensuite des douleurs qui sont d'autant plus vives que la tumeur est plus volumineuse, c'est-à-dire plus âgée. Puis, sous certaines influences, voire même spontanément, ces douleurs peuvent devenir très violentes.

A la période d'état, lorsque l'éruption s'est généralisée, l'intensité de ces douleurs est variable avec chaque sujet. Les deux cas extrêmes qu'on peut prendre comme type dans cet ordre d'idées se rapportent aux faits cités par Bridigi et Arnozan et Vaillard. Dans le cas de Bridigi, la malade n'éprouvait aucune douleur ; la pression elle-même restait négative. Cependant, sous certaines influences, elle percevait une sensation de chaleur au niveau des parties malades et la peau rougissait. C'est bien là une ébauche de phénomènes douloureux. Il faut remarquer d'autre part que le début de l'affection ne remontait qu'à deux ans, et que la douleur n'apparaît parfois que beaucoup plus tard. Ce cas d'absence presque totale d'hyperesthésie est d'ailleurs exceptionnel ; chez la malade d'Arnozan et Vaillard, les douleurs étaient au contraire d'une violence considérable. Elles se présentaient sous deux formes : des crises névralgiques spontanées, et des douleurs provoquées. La moindre pression, le moindre choc, le plus léger frôlement, le simple contact des habits, provoquaient chez elle des douleurs excessivement vives débutant par le tubercule touché et s'étendant aux deux extrémités du membre. Bien plus, la simple impression de l'air amenait ces mêmes douleurs, en sorte que les régions malades étaient constamment mises à l'abri par un enveloppement ouaté.

En outre de ces douleurs provoquées, cette malade éprouvait des crises névralgiques excessivement violentes, sans cause. Cette douleur partait de l'un des tubercules, s'étendait à tout le placard, puis à tout le membre. Ce type de douleurs intolérables, est, comme le premier, exceptionnel.

Entre ces deux types extrêmes, il y a les cas moyens, les plus nombreux, dont le malade qui fait le sujet de l'observation inédite que nous publions, offre un bon exemple. Pendant deux ans, l'indolence fut complète, puis les points atteints devinrent le siège d'une sensibilité particulière et d'une hyperesthésie assez marquée. Les douleurs spontanées n'existaient qu'au niveau du bras droit ; c'était surtout au moment des changements de temps que ces douleurs étaient vives, comme « si on lui coupait le bras. »

Quatre ans plus tard, époque où le malade fut examiné, les plus volumineuses des tumeurs sont le siège d'une hyperesthésie très marquée. La palpation et le simple frôlement y déterminent de vives douleurs, mais jamais le malade n'a eu de ces crises violentes, intolérables, que présentait le malade d'Arnozan et Vaillard.

Ainsi, les myomes cutanés généralisés sont caractérisés par une éruption de papules rosées de la grosseur d'une lentille environ et de tumeurs un peu plus grosses, et de coloration plus foncée, arrondies ou plus ou moins régulièrement ovales. Ces tumeurs et ces papules, recouvertes par un épiderme à peu près normal, sont d'une consistance ferme et n'ont aucune tendance à l'ulcération.

Les régions malades, indolentes au début, sont, plus tard, le siège de douleurs spontanées et provoquées à l'occasion de diverses influences, parmi lesquelles il importe de retenir les changements de température.

Diagnostic. — Des caractères aussi nets que ceux que nous venons d'indiquer doivent permettre d'établir le diagnostic de cette affection. Dans la plupart des cas observés jusqu'ici, le diagnostic n'avait guère été fait que par la biopsie clinique. Sans doute, ce procédé est simple et n'offre aucun danger, mais tous les malades ne s'y prêtent pas de bonne grâce. Il nous semble, d'ailleurs, que l'étude attentive doit, dans la majorité des cas, permettre d'établir ce diagnostic par les moyens cliniques ordinaires.

On ne saurait confondre les myomes cutanés généralisés avec les tubercules syphilitiques qui sont recouverts d'une écaille, affectent une disposition circinée et ont une coloration cuivrée; les tubercules syphilitiques, d'ailleurs, arrivent à la résolution ou à l'ulcération; or, jamais un myome ne régresse ni ne suppure.

Pourrait-on les confondre avec l'affection contagieuse de Batemann ? Non, l'aspect n'est pas le même. Et si l'on regarde un élément d'acné, on aperçoit au centre du nodule un point noir ou blanc qu'on peut extraire et qui n'est autre que le contenu d'une glande sébacée.

La confusion avec des névromes ne semble pas possible. Les névromes ne forment pas une éruption comme les myomes généralisés ; le névrome n'est pas intra-dermique, mais sous-cutané. Enfin, il n'a jamais la période d'indolence du myome cutané.

L'affection qui prêterait le plus à la confusion est le mycosis fongoïde au début, appelé encore lymphadénie généralisée. Les taches, qui caractérisent le début de cette éruption, ont, en effet, à peu près les mêmes caractères de volume, de coloration même, et de disposition générale, l'évolution en est également lente. Mais l'erreur ne saurait durer longtemps, car les papules du mycosis fongoïde ne gardent pas une fixité aussi longue et finissent par régresser ; or, le myome cutané ne régresse jamais.

C'est donc surtout par exclusion qu'on arrivera au diagnostic. Les caractères de l'éruption, son polymorphisme, les commémoratifs sur l'évolution antérieure de la maladie, l'absence de symptômes douloureux mettront le plus souvent sur la voie. En toute hypothèse, l'évolution ultérieure, par sa fixité, par l'absence de toute tendance à la régression et à l'ulcération, établira sûrement le diagnostic.

Pronostic. — La lenteur de l'évolution des myomes cutanés, leur longue indolence, l'absence d'engorgement ganglionnaire montrent bien qu'au point de vue clinique comme au point de vue histologique, ce sont des tumeurs très bénignes.

L'état général du sujet n'est jamais altéré du fait de leur développement.

Mais lorsque l'affection est arrivée à son complet développement, les douleurs que provoquent le moindre frôlement, la seule exposition au froid ou à la chaleur, quelquefois la simple exposition à l'air, les douleurs spontanées et paroxystiques arrivent à condamner le malade à l'impotence et à un véritable supplice.

Traitement. — Et c'est là une triste perspective, étant donné l'impuissance du traitement médical.

Dans les cas de crises douloureuses, on a essayé les divers narcotiques, morphine, belladone, opium. Aucun n'a donné des résultats. Le chloral n'agit guère mieux.

L'action de l'ergotine sur ces petites tumeurs n'a pas encore fait ses preuves.

Le traitement qui paraît avoir eu le plus de succès et qui mérite d'être essayé chaque fois, est le traitement par l'électricité; par l'électrolyse, Leslie Roberts a vu un certain nombre de tumeurs disparaître, mais le malade partit avant qu'il ait pu achever la guérison.

Le traitement vraiment efficace est l'ablation chirurgicale.

Enlevées, ces tumeurs ne récidivent jamais. Ce

procédé, simple dans les cas de myome unique, devient en pratique inapplicable dans les cas de myomes généralisés. On se contentera, dans ce cas, d'enlever les tumeurs les plus grosses et les plus douloureuses.

ANATOMIE PATHOLOGIQUE [1]

Le fragment prélevé a été fixé à l'alcool et inclus dans la colloïdine. Les coupes ont été colorées à l'hématine-éosine, au picro-carmin, Le tissu conjonctif a été mis en évidence par la méthode de Van-Gieson, les fibres élastiques ont été colorées par la fuchsine ou la ja safranine ferriques.

Nous avons constaté tout d'abord que le fragment était prélevé en plein néoplasme et n'en dépassait pas les limites. On avait cependant à l'incision débordé la petite tumeur et excisé avec elle une zone d'apparence saine. Il s'ensuit que l'extension réelle du néoplasme ne peut être exactement fixée par une saillie extérieure. L'extension vraie histologique de la tumeur est plus considérable que son extension apparente, son extension clinique, si l'on peut ainsi parler. Balzer et Malassez avaient fait déjà une remarque analogue.

A un petit grossissement, on voit que la tumeur a envahi tout le derme, et s'étend vers l'hypoderme. La zone sous-papillaire du derme, la zone de remaniement de M. le professeur Renaut est seule respectée.

---

[1] Cette étude a été faite en entier par M. Favre, dans le laboratoire de M. Renaut qui a bien voulu en contrôler les résultats.

La tumeur est constituée par des faisceaux de fibres musculaires, les uns parallèles, les autres perpendiculaires à la surface de la peau, d'autres obliques. Ces faisceaux sont donc, sur une coupe, intéressés dans tous les sens.

Les fibres musculaires qui composent ces faisceaux sont très facilement reconnaissables. Elles sont fusiformes, possèdent un noyau en bâtonnet, situé au centre de la cellule Elles se colorent en jaune par le picro-carmin et la picro-fuchsine, en rose par l'éosine. Ces fibres sont longues, bien développées, et ne se distinguent par aucun caractère des fibres lisses normales.

Les faisceaux formés par ces fibres sont tantôt très épais, volumineux, tantôt, et cela surtout à la périphérie de la tumeur, de plus petite taille, du volume ordinaire d'un muscle arrecteur par exemple.

Ces faisceaux de fibres lisses sont tantôt très serrés les uns contre les autres, tantôt séparés par des bandes de tissu conjonctif.

Le picro-carmin et la méthode de Van Gieson montrent qu'au centre du néoplasme le tissu conjonctif est peu abondant, réduit à de minces bandes qui suivent le contour des faisceaux. A la périphérie de la tumeur, les faisceaux de fibres lisses sont plus petits, le tissu conjonctif plus abondant.

Les méthodes de coloration du tissu élastique nous ont permis de mettre en évidence, dans toute l'étendue de la tumeur un réseau excessivement riche de fibres élastiques. Ces fibres accompagnent les faisceaux de fibres lisses, à la périphérie desquels elles forment un feutrage très serré. Ces fibres élastiques ne pénètrent pas dans la masse des fibres lisses néoformées.

La tumeur occupe, avons-nous dit le derme et tend à envahir l'hypoderme. La zone sous-papillaire est tou-

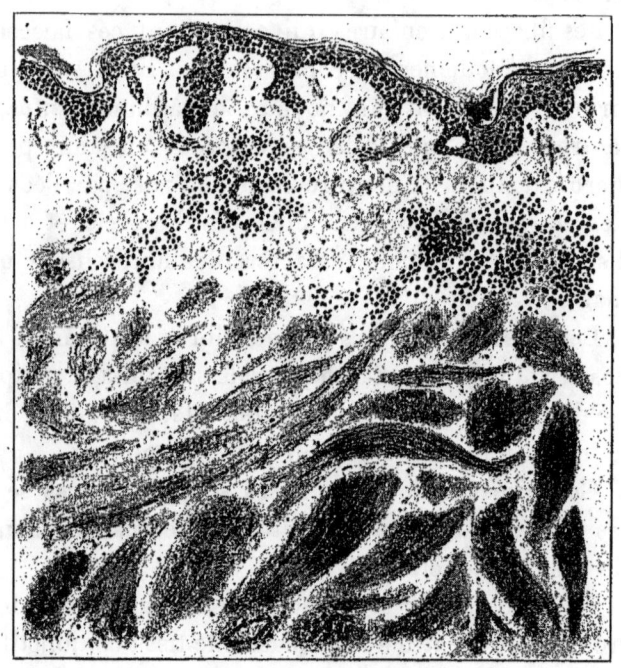

MYOME DE LA PEAU

Fixation à l'alcool à 80 degrés, inclusion à la colloïdine, coloration à l'hématine et à l'éosine.
Projection sur la table de travail, à la chambre claire avec obj. 4, Reichort. Ocul. compens. 4, Nachet.

tefois respectée. Dans cette zone, on voit sur de nombreux points des amas de cellules rondes, à noyau fortement colorables. Ces amas de cellules embryonnaires suivent le trajet des vaisseaux de la zone sous-papillaire du derme. On voit nettement ce détail sur le dessin ci-joint dû au talent de M. Dubreuil.

Le manchon de cellules embryonnaires se divise avec le vaisseau et forme, en certains points, des figures en forme d'accent circonflexe, ou même des traînées anastomotiques.

Nous retrouvons ces amas de cellules embryonnaires dans une autre partie de la tumeur, au voisinage de bulbes pileux. Ils forment là des amas compacts dirigés suivant l'axe du follicule pileux. La signification de ces éléments embryonnaires est sujette à discussion. Yadassohn qui les a retrouvés sur ses préparations, les attribue à l'irritation fonctionnelle dont le néoplasme est le siège. Nous ferons remarquer que leur siège autour du follicule pileux, dans la zone des muscles arrecteurs aux dépens desquels se développent probablement les myomes, nous fait croire que ces proliférations embryonnaires sont en rapports étroits avec la néoformation des fibres lisses. Peut-être ces éléments n'existent-ils pas dans tous les myomes et sont-ils seulement l'apanage des myomes irritables (Yadassohn).

Nous avons trouvé dans les parties périphériques de notre tumeur quelques filets nerveux facilement reconnaissables. Il est probable que c'est à leur compression au moment où les fibres entrent en contraction que sont dues les douleurs spontanées, et spécialement les douleurs qui se manifestent quand le malade s'expose au froid. Nous n'avons pas observé de lésions de l'épiderme qui est seulement aplati, et dont les prolongements papillaires sont très diminués de hauteur.

Nous n'ajouterons rien à cette description histologique si complète. Ce serait se répéter que de retracer le tableau qu'ont fait de ces tumeurs les auteurs qui se sont occupés de cette question.

La constitution histologique des myomes cutanés est uniforme comme leur aspect clinique et, ainsi, ces tumeurs forment une entité morbide bien définie.

OBSERVATIONS

Observation I
(Verneuil, Société anatomique, 1858.)

Verneuil présente, à la Société anatomique, des lambeaux de peau d'un sujet destiné aux dissections de l'Ecole pratique, qui présentait une innombrable quantité de tumeurs cutanées. Le volume de ces tumeurs varie, depuis celui d'une noix jusqu'à celui d'une tête d'épingle, si bien que beaucoup d'entre elles, non apparentes à la vue, sont très sensibles au toucher ou se rencontrent facilement à la dissection dans l'épaisseur du derme. Ces tumeurs siègent évidemment dans le derme; quelques-unes pourtant sont situées au-dessous de cette membrane, mais adhérente à sa face profonde. A l'œil nu, elles ont l'aspect du tissu fibro-plastique; en quelques points, elles ressemblent à certains névromes. A l'examen microscopique, on trouve que ces tumeurs sont formées en grande partie de fibres musculaires, les unes striées, larges, semblables non pas aux fibres des muscles de la vie de relation, mais aux fibres du cœur; d'autres lisses, semblables aux fibres des muscles de la vie organique; ces fibres se retrouvent dans toutes les tumeurs sans exception. Quelques tumeurs ne renferment pas de vaisseaux; les autres sont, au contraire, constituées par un lacis vasculaire très riche.

Dans leur tissu, on trouve des filets nerveux, des vestiges de glandes sébacées et des glandes sudoripares entières.

Observation II

(Besnier, *Annales de dermatologie*, 1880 et 1885.)

La nommée L..., blanchisseuse, âgée de soixante ans, entrée à l'hôpital Saint-Louis au mois de décembre 1876.

En différents points de la peau du tronc et des membres supérieurs, elle présente, irrégulièrement disposée et émergeant de la peau saine, une éruption composée de taches de la dimension d'une lentille très légèrement rosées et à peine saillantes au-dessus du niveau des parties voisines, rondes ou irrégulièrement ovales, absolument analogues à des taches d'urticaire papuliforme et présentant aussi une remarquable analogie avec les éléments de la première apparition de dermatolymphadénome ou mycosis fongoïde; 2° de petites tumeurs de la forme et du volume d'un petit grain de plomb, d'un pois ou d'une lentille, d'une couleur rosée passant à un rouge terne sur les plus volumineuses. La coloration est sanguine et s'affaisse sous la pression du doigt. Nulle part, elle n'est pigmentaire. Leur surface est lisse, recouverte d'un épiderme corné normal. Nul trouble de sensibilité objectif, ni subjectif au niveau des petites tumeurs, à leur pourtour, ni dans leur intervalle. Aucun prurit, aucune trace de grattage. A la pression un peu forte exercée sur les plus grosses saillies, une douleur assez vive, aucune au niveau des plus petites. La consistance est ferme, sans aucune mollesse. Tout cela, au rapport de la malade, se serait développé depuis trois mois environ, mais ne l'occupe, ni ne la préoccupe en aucune manière, et elle entre à l'hôpital pour une affection complètement indépendante de sa lésion cutanée. Elle est atteinte de bronchite chronique avec emphysème et de rhumatisme chronique simple.

Pendant les quelques mois de son séjour à l'hôpital, on constate l'apparition d'une vingtaine de nouvelles saillies à développement extrêmement lent et en même temps les nodosités principales augmentèrent de volume. Elle fut revue en 1878. Les nodosités antérieures s'étaient accrues légèrement et quelques autres étaient apparues. En somme, l'affection avait peu progressé.

La malade revient dans le service en 1884. Les tumeurs ont bien lentement augmenté de nombre et de volume sans dépasser les dimensions d'une amande. Leurs caractères sont restés les mêmes : vitalité de la peau normale, aucune tendance à l'irritation ou à la régression, sensibilité aux frottements et à la pression; mais jamais de crises douloureuses spontanées ni de troubles vaso-moteurs. Pas de récidive des tumeurs enlevées pour la biopsie.

Le diagnostic ne put être fait que par l'examen d'une tumeur enlevée sur le thorax de la malade. Cet examen montra que ces tumeurs étaient formées presque exclusivement de fibres musculaires lisses réunies en faisceaux, de direction variable et unis entre eux par du tissu cellulaire dense. Les vaisseaux y sont très rares. On y trouve des troncs nerveux et, autour des faisceaux musculaires, un abondant réseau de fibres élastiques.

La malade, revenue à l'hôpital en 1885 pour son affection pulmonaire et un carcinome des deux seins, succombe à des accès de dyspnée asystolique.

L'autopsie confirme le diagnostic de carcinome mammaire et montre l'existence de fibromyomes utérins.

Observation III
(Arnozan et Vaillard, *Journal de médecine de Bordeaux*, 1881.)

N... Marie, âgée de cinquante-deux ans, cultivatrice, entre à l'hôpital de Bordeaux au mois d'avril 1880. Son affection a débuté il y a quinze ans par un petit bouton rouge situé sur le bord radial de l'avant-bras droit; de petites tumeurs semblables se développèrent à bref délai sur la face postérieure du membre. Les boutons isolés étaient absolument indolores au début, mais au bout de deux ou trois ans, ils devinrent le siège de sensations douloureuses consistant en picotements très pénibles survenant principalement par l'action du froid. L'extension fut progressive, continue, mais à évolution entièrement lente. Cinq ans après le début, l'avant-bras et le bras droit étaient envahis par ces petites tumeurs saillantes, rouges, dures, isolées ou confluentes qui étaient le siège de violentes douleurs spontanées et provoquées. Trois ans plus tard, l'extension s'est faite au cou et au tronc, mais en ces points les troubles sensitifs sont presque nuls. Dans les sept dernières années, la topographie de la lésion a peu varié et les troubles sensitifs se sont seuls exagérés. Les éléments éruptifs sont, soit isolés et irrégulièrement dispersés, soit cohérents et réunis en placards.

Les éléments les plus jeunes se présentent sous forme de petites éminences papilleuses, du volume d'une lentille, de couleur rosée, pâlissant sous la pression digitale. Ces éminences, qui paraissent incluses dans le derme, sont recouvertes d'un épiderme corné normal. Sur quelques-unes d'entre elles, on découvre à l'œil nu de petits points blancs, de la dimension d'une petite tête d'épingle, et ressemblant à des grains de semoule ou plutôt aux grains de milium du lupus. Les poils follets poussent sur ces éboures et dans leur intervalle sans présenter d'altérations manifestes. En vieillissant, les éléments s'élèvent, deviennent plus saillants au-dessous de la peau, plus gros ; leur base est mieux circonscrite ; leur surface, d'un rouge plus foncé, présente à un même degré les mêmes grains blancs. Au niveau des points où ces tumeurs sont conglomérées, la peau est épaissie.

La malade éprouve des douleurs névralgiques violentes ; les unes spontanées survenant aussi bien la nuit que le jour et durant depuis quelques minutes jusqu'à plusieurs heures ; les autres sont provoquées, et la moindre excitation thermique ou mécanique suffit à les produire. Au moment de ces crises, dont le point de départ est toujours dans les tumeurs les plus anciennes, on voit ces tumeurs pâlir et rester pâles tant que la crise douloureuse n'est point passée.

La sensibilité tactile est partout conservée. Le membre supérieur droit, où ces tumeurs sont au maximum, n'est pas atrophié et sa mobilité serait parfaite si les mouvements ne provoquaient pas la douleur.

L'état général est bon; tous les organes sont sains et fonctionnent bien; il n'y a rien du côté de l'utérus. Les divers narcotiques employés n'apportèrent à l'état névralgique aucune amélioration et la malade voulut quitter l'hôpital avant qu'on ait épuisé toutes les ressources de la thérapeutique.

Le diagnostic avait été fait grâce à un examen biopsique. Une tumeur enlevée sur l'avant-bras de la patiente et examinée au microscope fit voir que les tumeurs étaient des myomes à fibres lisses. Elles étaient presque uniquement constituées de fibres lisses réunies en faisceaux entre-croisés dans toutes les directions. Les vaisseaux étaient rares, on y trouvait de minces filets nerveux. Les diverses couches de l'épiderme ne montrèrent aucune altération au niveau de la tumeur.

Observation IV

(Brigidi et Marcacci, *Imparziale*, 1881.)

L. G..., âgé de cinquante-quatre ans, marié, père de quatre enfants, entre à l'hôpital au mois de mai 1881. Deux ans auparavant, il a vu apparaître sur le dos de la main droite, sans cause appréciable, une tuméfaction et, trois mois après, quelques nodules. Dix-huit mois plus tard, la main gauche se tuméfiait pour devenir bientôt le siège des mêmes nodules. Jusqu'à ces derniers temps, il n'a ressenti aucune douleur au niveau des éléments morbides, si l'on en excepte une sensation de chaleur qui se produit en même temps que la peau se met à rougir. Les deux mains sont œdémateuses et un peu congestionnées; çà et là se voient de petits nodules, dont le volume varie de la grosseur d'une tête d'épingle à celui d'un pois; quelques-uns sont plats et rappellent la saillie des clous à grosse tête dont se servent les selliers; les autres sont lenticulaires. Ces nodules garnissent les espaces interdigitaux et la face dorsale des doigts, la peau est tendue, luisante, rougeâtre et chaude; on ne peut la plisser. Sa rougeur s'efface par la pression et reparaît aussitôt. Il n'y a pas de douleur. Sur le dos des mains, on voit des taches de grandeur variable et d'une couleur vineuse foncée. L'une d'elles, de forme irrégulièrement rectangulaire, siège sur le bord interne du carpe; elle est indolente et ne se décolore pas par la pression. Sur le pied gauche, on trouve des nodules semblables à ceux des mains, disséminés, de couleur rouge sombre, plus foncés que ceux des mains; il y a également des taches vineuses; pas de nodules au pied droit, mais des taches ne s'effaçant point sous la pression, sans congestion œdémateuse.

On enlève une de ces tumeurs pour en faire l'examen microscopique et on constate qu'elle est formée de fibres musculaires lisses réunies en faisceaux. On ne voit pas de vaisseaux dans la masse, mais le tissu circonvoisin abonde en artérioles dont la couche musculaire paraît hypertrophiée, l'adventice garnie de petites cellules lymphoïdes, et la lumière considérablement rétrécie. Les veines sont dilatées, quelques-unes entourées d'une faible infiltration lymphatique.

Les nerfs manquent au sein de la masse néoplasique, mais les parties périphériques en sont pourvues.

Observation V

(Berlin, 1896, Neumann, recueilli dans les *Annales de dermatologie et de syphiligraphie*, 1897.)

Malade, cinquante-quatre ans, femme, atteinte de dermatomyomes multiples. Les nodosités sont disséminées sur la face externe des bras et sur le dos ; elles ressemblent à de l'urticaire papuleux du xanthome tubéreux. Le diagnostic n'a pu être établi que par l'examen histologique. Les nodosités consistent en petits faisceaux de fibres musculaires lisses avec noyaux oblongs caractéristiques ; dans l'intervalle, tissu conjonctif fibrillaire. Les glandes sébacées sont dilatées, l'état des artères ne donne aucune indication permettant d'admettre une origine artérielle de la néoformation. Ce cas représente le type pur du dermatomyome que Besnier a le premier bien décrit.

Observation VI

(Ch. White *(Journal of cutaneous diseases,*
juin 1899.)

Un homme de quarante-cinq ans, bien portant et

sans antécédents pathologiques, porte une soixantaine de petites tumeurs disséminées sur la joue droite et le côté droit du cou.

La plus ancienne de ces tumeurs date de quatre ans et, depuis lors, elles se sont graduellement multipliées : leur volume varie d'une tête d'épingle à un pois ; elles sont toutes dures et offrent la consistance d'une kéloïde. Les plus petites sont roses ou rouges, elles sont d'autant plus pâles qu'elles sont plus volumineuses, et les plus grosses sont presque blanches avec un sommet lisse et luisant ; toutes ces tumeurs sout parfois le siège de douleurs très vives, soit spontanément, par crises, soit sous l'influence du froid, le malade compare cette sensation à celle d'un fer chaud qu'on lui passerait sur la figure.

L'exament microscopique a porté sur trois tumeurs excisées. L'épiderme est aminci et étalé avec quelques altérations de dégénérescence cellulaire. Les papilles sont écartées, abaissées. Au-dessus de l'épiderme et le séparant de la tumeur se trouve une couche de tissu conjonctif mince avec des vaisseaux dilatés, entourés de quelques cellules plasmatiques ou de Mastzellen ; le réseau élastique y a presque disparu, à l'exception de quelques fibres. Le néoplasme lui-même occupe toute la partie moyenne du derme qu'il remplace ; il est bien limité, formé exclusivement de fibres musculaires lisses et enchevêtrées dans tous les sens ; les une paraissent tout à fait normales, d'autres présentent des signes de dégénérescence, elles sont vacuolées ou se colorent mal par les réactifs. On y trouve quelques petits vaisseaux sanguins entourés d'une gaine conjonctive, mais il n'y a, en somme que très peu de tissu conjonctif dans la tumeur. La coloration par la méthode de Weigert ou de Pal n'y a pas montré de nerfs.

Observation VII

(T. Marschal Ko, *Monatshefte f. pratkt. Dermatologie*, 1900.)

Homme âgé de vingt-huit ans, chez lequel il s'est développé depuis huit ans, sur la partie antérieure de la jambe droite, sur une étendue d'environ deux fois la paume de la main, plns de cent nodosités très dures, de la grosseur d'une tête d'épingle à celle d'un haricot, les unes confluentes, les autres disséminées.

Ces nodosités occupent la peau même et sont mobiles avec elles. Les plus petits sont d'un brun pâle, jaunâtre, les plus volumineuses rouge bleu ; elles ont une forme sphérique, ovale ou légèrement conique, parfois plus irrégulière, polygonale.

Des lésions analogues existent sur la région sternale; entre le sein gauche et le sternum, la peau, sur un espace grand comme la paume de la main, est envahie par les mêmes tumeurs, quoique moins confluentes. Sur la face antérieure de la cuisse, on trouve 40 à 50 tumeurs semblables, disséminées, ayant presque toutes la grosseur d'un pois; enfin, quelques-unes, plus petites, sont disséminées sur le tiers inférieur de la cuisse droite. Le reste de la peau ne présente rien d'anormal. Si l'on passe la main très doucement sur les tumeurs, le malade accuse des sensations douloureuses, vives, notamment au niveau des plus volumineuses; elles deviennent presque intolérables si l'on comprime latéralement l'une des tumeurs les plus grosses ; la compression est beaucoup mieux tolérée si elle est exercée perpendiculairement sur le centre de la nodosité. Mais, outre ces douleurs provoquées par le contact ou la pression, il se produit spontanément deux ou trois fois par jour des paroxysmes douloureux qui durent quelques minutes et disparaissent ensuite complètement. Ces douleurs sont précédées d'un violent prurit dans les nodosités. Avec le mauvais temps, les douleurs seraient plus aiguës ; les accès, cependant, ne sont pas plus fréquents. Pendant ces accès, il n'y a pas de changement de coloration des nodosités ; par contre, pendant le paroxysme des douleurs, les muscles du pied sont comme paralysés, de sorte que le malade traîne la jambe en marchant.

L'examen microscopique des deux nodosités excisées a bien montré qu'il s'agissait de dermato-myomes.

Observation VIII

(British Journal of Dermatology, 1900.)
Myomes cutanées par Leslie Roberts.

Observée en 1894 pour la première fois, la malade avait dix-huit ans et présentait, au-devant de l'oreille droite, un groupe de petites tumeurs pâles ou roses du volume d'une tête d'épingle à celui d'un pois ; quatre ans après, elles avaient augmenté notablement de nombre.

Les petites tumeurs étaient le siège d'éléments douloureux par les temps humides et froids. Dans toute la région occupée par ces petites tumeurs, les poils follets étaient plus nombreux et plus volumineux. Deux tumeurs furent excisées et les autres traitées par l'électrolyse. Ces dernières ont fort bien guéri, mais cela n'a pas empêché l'apparition de nouvelles tumeurs au voisinage.

La tumeur est formée de faisceaux de fibres musculaires entremêlés de tissu conjonctif et élastique.

Aucune particularité n'indiquait le point de départ de la néoplasie ; cependant, en raison de l'hypertrophie pilaire du voisinage, on peut l'attribuer aux muscles érecteurs des poils.

La tumeur proprement dite est encastrée dans le tissu du derme ; elle est formée de cellules de muscles lisses se dirigeant en tous sens, et se réunissant en faisceaux entre-croisés, et a pour point de départ les faisceaux musculaires des arrectores pilorum. Tant au point de vue clinique qu'au point de vue histologique, ce cas rentre exactement dans le cadre des myomes multiples de la peau décrits par Besnier.

Observation IX

(Hardaway, *Journal of cutaneous diseases*,
Londres, 1904.)

La première partie de l'observation publiée par Hardaway en août 1885 présente un homme qui portait, sur le côté droit du dos, un large groupe de tumeurs myomateuses dont quelques-unes atteignaient le volume d'une noisette,

Ces tumeurs, très douloureuses à la pression, étaient en outre le siège de crises douloureuses spontanées, surtout la nuit, ou bien par les changements de température. Les douleurs disparurent complètement après excision totale de la plaque. Mais, au bout de dix ans, de nouvelles tumeurs se sont montrées accompagnées des mêmes douleurs, au voisinage de l'ancienne cicatrice, sur le ventre et sur le bras. On trouve en ces points des tumeurs offrant les mêmes caractères que les anciennes.

Observation X

(Brölemann, *The british Journal of dermatology*, Londres 1904.)

Le malade est un homme bien constitué, bien portant, âgé de vingt-neuf ans, qui présentait un grand nombre de petites tumeurs, de la grosseur d'une cerise environ, et situées dans la peau, au-dessous de la poitrine gauche, et dans le dos entre les deux épaules.

Ces lésions étaient de couleur rougeâtre et douloureuses à la pression. Elles apparurent chez le malade à l'âge de dix-huit ans. Elles semblaient n'avoir aucune relation dans leur distribution autre que les nerfs cutanés ou les lignes de clivage de la peau. Une de ces petites tumeurs fut excisée et examinée au microscope. La masse de la tumeur était située dans le derme, et l'épiderme qui la recouvrait était aminci.

Elle était comprise dans une épaisse capsule de tissu conjonctif et affectait une forme lobulée.

La masse principale était rattachée au muscle érecteur d'un poil et était formée de tissu musculaire lisse. Elle semblait bien avoir pris son origine dans le muscle érecteur d'un poil, et non dans le tissu musculaire d'un vaisseau sanguin ou d'une glande sudoripare.

Observation XI (inédite).
(Due à l'obligeance de M. Carle, ex-chef de clinique de l'Antiquaille et de M. Coste interne du service de M. Augagneur, suppléé par M. Nicolas.)

N..., âgé de quarante-neuf ans, cultivateur.

Père mort à soixante-trois ans d'affection inconnue ; mère morte à soixante-quinze. Quatre frères ou sœurs, deux morts en bas-âge, un autre à vingt-cinq ans, un dernier à quarante ans, probablement bacillaire.

Pas de fièvres éruptives dans l'enfance. Le malade signale simplement, vers l'âge de quatorze ans, une affection qu'il dénomme fièvre cérébrale ; il est difficile d'interpréter les symptômes dont il parle ; il est possible cependant que la maladie ait été une fièvre typhoïde. Pas de blénorragie, pas de syphilis probable. Éthylisme léger. Le malade prétend qu'il lui arrive assez fréquemment de cracher du sang, il dit avoir de temps à autre une pleine bouche de sang qu'il rejette ; ce symptôme ne s'accompagne ni de toux, ni de douleurs stomacales. Pas d'autre affection à signaler.

Il demande son admission pour une éruption papuleuse confluente siégeant en divers endroits du corps. Le début en remonte à six ans environ. Le malade a remarqué par hasard en faisant sa toilette une éruption légèrement érythémateuse par endroits, blanche ailleurs. Localisée d'abord au bras gauche, puis deux ou trois ans après à la jambe droite, enfin dans le dos et dans quelques autres points du corps. Aucune douleur, aucun prurit.

Deux ans après le début, les points atteints ont été au contraire le siège d'une sensibilité particulière, d'une hyperesthésie marquée. Pas de douleurs spontanées, sauf au niveau du bras droit où le malade ressentait surtout au moment des changements de temps, des douleurs spontanées vives (comme si « on lui coupait le bras. »).

Pas de suppuration, pas de desquamation, pas de mélanodermie.

Actuellement, à son entrée le 20 novembre 1904, on constate au niveau du tégument externe, en plusieurs points, une éruption papuleuse, par endroits confluente, par ailleurs discrète. La forme des papules, la saillie, la couleur, la grosseur sont très variables.

Beaucoup de papules sont rondes avec limitation exacte de la base. La grosseur des plus volumineuses ne dépasse pas un pois de gros volume; la grosse majorité sont un peu plus grosses qu'une lentille. La couleur est légèrement érythémateuse, rosée ou normale, jamais noire.

Beaucoup d'autres papules sont moins régulières comme forme, plus ou moins ovales, plus ou moins étalées, présentant un contour moins net, des traînées partant de leur base comme dans certains cas de cicatrice, et donnant à la peau qui sépare l'intervalle des papules un aspect légèrement gaufré. Certaines papules allongées sont comme placées en séries parallèles, et dans la continuation les unes des autres.

La plus forte éruption est située sur le moignon de l'épaule gauche et la région scapulaire qu'elle couvre en entier. Elle se continue sur le bras, l'avant-bras droits et s'arrête à 2 ou 3 centimètres au-dessus du poignet. La distribution paraît correspondre surtout au trajet du nerf radial, car toute la face externe du bras et de l'avant-bras, en partie leur face externe et postérieure sont couvertes d'une éruption confluente. Au niveau de l'avant-bras, l'éruption est moins nette, les saillies moins bien limitées, à tel point qu'elles paraissent se confondre et former une éruption confluente.

Dans le dos, on observe trois placards, à droite l'éruption emprunte une topographie analogue à celle des vésicules du zona.

Dans la fosse iliaque externe gauche on observe de gros placards; quelques tumeurs isolées à droite.

Au niveau des membres inférieurs, la jambe gauche est surtout atteinte au niveau de la face antérieure et externe de la cuisse. L'éruption, à ce niveau, est moins papuleuse, plus érithémateuse. Quelques papules au-dessus du genou droit. Les mollets droits et gauche, sur leur face externe, présentent quelques tumeurs.

De ces tumeurs les plus volumineuses peuvent être prises entre les doigts. On ne sent aucune adhérence à la face profonde de la peau. La palpation, le simple frôlement déterminent une vive douleur. La piqûre est plus sensible qu'ailleurs. Pas de tumeur royale.

A l'examen du système nerveux, la sensibilité superficielle est normale partout, nettement exagérée par la piqûre et le pincement au niveau des points atteints. Pas de paresthésies, pas de dissociation de la sensibilité. Pas de troubles de la sensibilité profonde.

Au point de vue moteur, on note un tremblement existant au repos à petites oscillations, augmentant pendant le mouvement volontaire. Démarche normale, quoique le malade marche un peu soudé.

Les réflexes rotuliens sont un peu exagérés. Pas de Babinski, pas de phénomène de la rotule.

Pas de troubles trophiques ou vaso-moteurs autres que ceux signalés.

L'intelligence est notablement diminuée. Amnésie pour les faits récents, très marquée depuis quelque temps. Le malade répond bien aux questions qui lui sont posées.

Du côté de l'œil, diminution notable de l'acuité visuelle. Pupilles égales réagissant bien à la lumière.

Rien de particulier à l'ouïe et à l'odorat.

Le cœur est normal.

L'abdomen est souple, non ballonné, l'appétit est relativement conservé, la digestion normale. Pas de constipation, pas de diarrhée.

Aux poumons, la respiration est légèrement emphysémateuse.

Foie et rate normaux.

Urines : pas d'albumine.

CONCLUSIONS

Les tumeurs qui peuvent se développer au dépens du revêtement cutané sont très variées. Parmi ces tumeurs, les myomes cutanés multiples constituent une espèce rare et intéressante.

Ces tumeurs sont généralement multiples, quelquefois très abondants, On peut les observer sur tous les territoires de la peau.

On pourra, par une analyse attentive de l'aspect de ces tumeurs, par leur siège dermique, par la lenteur de leur évolution, en déterminer la nature exacte. Nous attirons spécialement l'attention sur deux symptômes importants de ces myomes : les douleurs à la pression et les douleurs spontanées quand le malade s'expose au froid ou à la chaleur.

Ces tumeurs sont formées de fibres musculaires lisses, bien développées. Elles présentent en certains points des amas de cellules embryonnaires, dont la signification n'est pas nettement établie.

— 52 —

Au point de vue histologique comme au point de vue clinique, ce sont des tumeurs bénignes.

Le seul traitement applicable jusqu'ici est le traitement chirurgical, quand les tumeurs sont peu nombreuses. Elles ne récidivent pas après ablation.

www.ingramcontent.com/pod-product-compliance
Lightning Source LLC
LaVergne TN
LVHW020048090426
835510LV00040B/1471